MÁS DE 100 CHISTES

LIBSA

¿El pez que usa corbata?
El pez-cuezo.

¿Qué hacen los peces
para reírse?
¡Cuentan chistes sobre
personas!

Iba uno por el bosque y... uno, dos, tres,
cuatro, cinco, seis... noventa y siete,
noventa y ocho, noventa y nueve...
¡Anda, si es un ciempiés!

¿Qué le dijo el globo
a su globa?
I glove you.

Dijo el capitán:
—¡Abordar el barco!
Y el barco quedó precioso.

5

¿Cuál es el colmo de los colmos?
Que un mudo le diga a un sordo
que un ciego le está mirando.

Va uno al teatro con su perro
y al acabar la función el perro empieza
a aplaudir. El señor que está al lado,
sorprendido, comenta al dueño:

—Pero, ¿cómo es posible
que su perro aplauda?

Y el dueño contesta:

—Eso digo yo, porque en casa ha leído
la crítica y la obra no le gustaba nada.

7

¿Cuál es el colmo
de un forzudo?
Doblar una moneda
hasta que la cara saque
la lengua.

¿Y el otro colmo
de un forzudo?
Pues, doblar la esquina.

Un pez le dice a otro:
—¿Tu padre qué hace?
Y el otro contesta:
—Nada.

Dos guisantes van
a bajar la escalera y uno
dice al otro:
—¡Cuidado no tropieces,
ces, ces, ces...!

¿Qué es un guisante
en un rincón de la cocina?
—Un guisante castigado.

—¿Diga?
—¿Es el servicio secreto?
—Lo siento. No se lo puedo decir.

—Bailad con moderación. Y Moderación bailó toda la noche.

¿Cuál es el colmo más pequeño?
El colmillo.

¿Cuál es el colmo de un elefante?
—No tener colmo, sino colmillo.

13

En la prehistoria, un padre riñe a su hijo por las notas:

—Que suspendas matemáticas, vale; aunque no hacemos grandes cuentas. Que suspendas tecnología, vaya; aunque fabricamos pocas cosas. Pero que suspendas historia... ¡Hijo! ¡Si solo llevamos una página!

14

Era tan, tan pequeñita que no le cabía la menor duda.

Era un hombre tan pequeño que se subió encima de una canica y dijo:

—¡El mundo es mío!

15

Era un perro con la pata de goma, que se fue a rascar y se borró.

—Hola, ¿tienen libros para el cansancio?

—Sí, pero están agotados...

¿Cuál es el colmo de un libro?

Que en otoño se le caigan las hojas.

Estoy en el hospital para ver a mi primo
que no puede hablar ni caminar.

¿Qué le pasó?

Nada, acaba de nacer.

—Oiga, ¿es el hospital infantil?

—Ti.

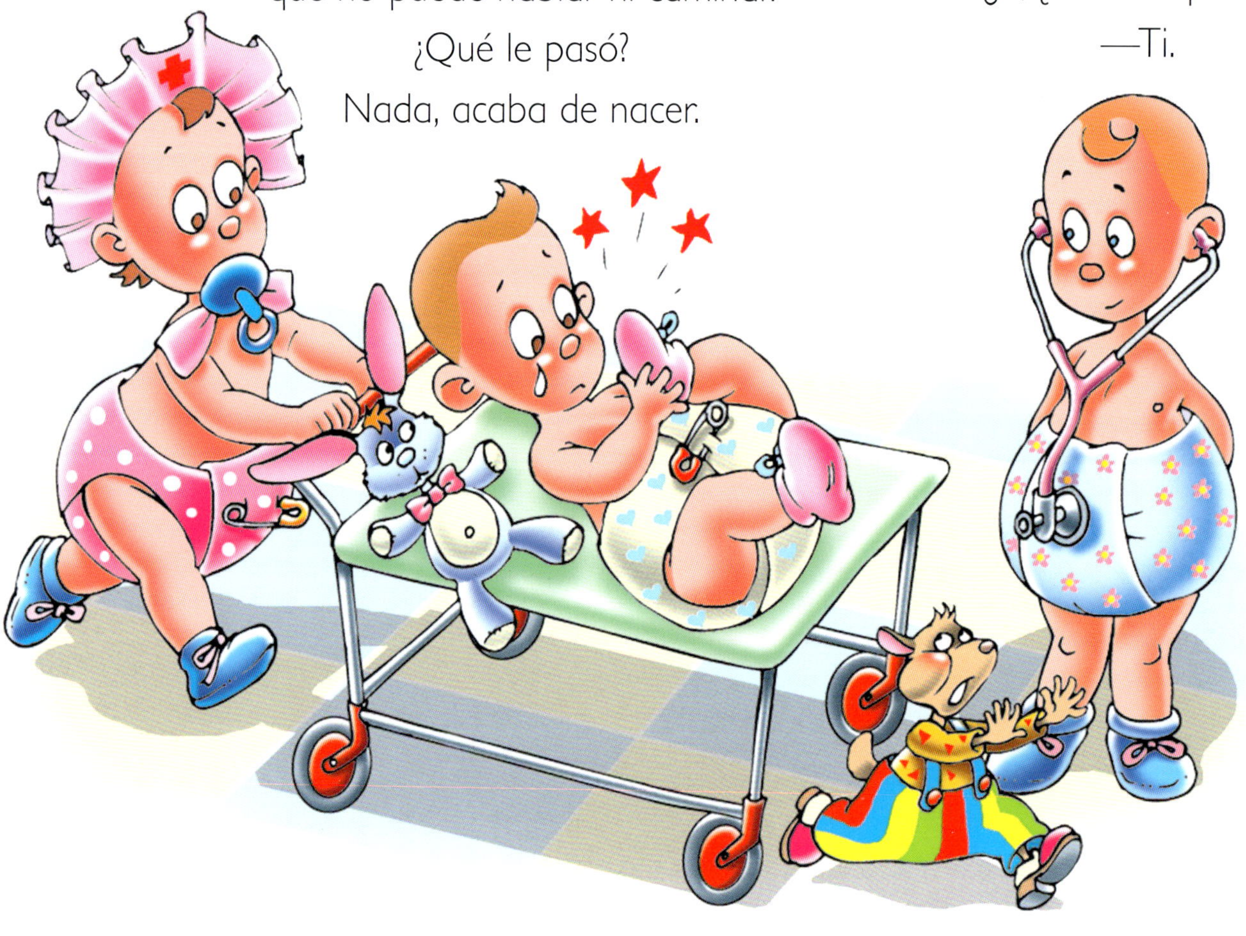

18

—Papá, de mayor quiero ser como tú.

—¿Para ser tan importante como yo?

—No, Para tener un hijo como yo.

—Papá, ¿qué se siente al tener un hijo tan guapo?

—No sé hijo, pregúntale a tu abuelo...

19

¡Seamos claros!
Firmado: un albino.

20

—¿Qué hora es si el reloj marca las 13 horas?

—Hora de llevarlo a arreglar.

¿Qué hace un loco golpeando un reloj?

—Está matando el tiempo.

21

—Comed sin ansia.
Y Ansia comió solita.

22

¿Cuál es el colmo de la mala suerte?
Comprar todos los boletos y que suspendan el sorteo.

—¡Te he dicho mil millones de veces que no exageres!

1.000.000.000

Un niño está en la puerta de una casa intentando tocar el timbre, pero no lo alcanza, de repente llega un señor y muy amablemente se ofrece:

—Hola, pequeño, ¿en qué puedo ayudarte?

—¿Puede levantarme para tocar el timbre?

—Perfecto –le respondió–. Ya está, y ¿Ahora qué?

El niño le responde:

—¡A correr!

—A ver: ¿Presente de indicativo del verbo andar?

—Yo... ando..., tú... andas..., él... and...

—Más deprisa, niño.

—Yo corro, tú corres, él corre.

25

—Pepín, ¿cuál es el principio de Arquímedes?

—La «A», señorita.

A ver Pepito, ¿Cómo te imaginas la escuela ideal?

—Cerrada, maestra, cerrada.

26

¿Qué sale de mezclar un erizo y una serpiente?

Un alambre de púas.

27

Todos mis hijos son distintos de apellido.
Firmado: Juan Distintos.

28

Un granjero lleva a su pato a París.

—Mira, la torre Eiffel.

—Cuac.

—¿Cómo que cuál? ¡Esa! Y allí el Arco del Triunfo.

—Cuac.

—¿Otra vez cuál? ¡Me cansé! Mañana saco de paseo al cerdo. Y cuando vio al cerdo le dijo:

—Mañana vienes tú.

—Oink.

—¡No! ¡Hoy no! ¡Mañana!

29

—Saque la foto sin flash.
Y Flash no salió en la foto.

30

Trabaja más que el
veterinario de los
101 dálmatas.

31

—Mamá, mamá...
¡Qué buena está la comida!
—Pues repite, hija, repite.
—Mamá, mamá...
¡Qué buena está la comida!
¡Qué buena está la comida!

32

¿Cuál es el animal que come
con la cola?
Todos. Ninguno se la quita
para comer.

33

—¿La «m» con la «a»?
—ma.
—¿Y si lo repetimos?
—ma-ma.
—¿Y si le ponemos tilde?
—Matilde.

¿Cuál es el colmo de un
motorista?
Extender la mano para
ver si llueve.

¿Qué tienen los perros
que no tiene otro
animal?
Perritos bebés.

35

Le dice un mosquito
a su mamá:
—Mamá, ¿puedo ir al teatro?
—Bueno, hijo. Pero no vayas
a salir cuando aplaudan.

Tiene menos futuro
que un submarino
descapotable.

37

Va uno paseando
a su gato y una señora
le pregunta:
—¿Araña?
—No, gato.

38

¿Por qué las cucarachas
son pequeñas y negras?
Porque si fueran
grandes y grises serían
elefantes.

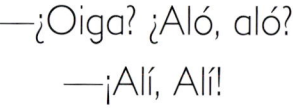

—¿Oiga? ¡Aló, aló?

—¡Alí, Alí!

—¡Eh!, que estoy hablando en serio.

—Toma. Y yo en sirio.

40

¿Cuál es el colmo de un bombero? Que se le queme la manguera.

41

—No cabe duda. Y Duda no pudo subir al autobús.

Una pera esperando el autobús. Llega una manzana y le pregunta:

—¿Hace mucho que espera?

—Toda la vida.

—¡Quiero sopa de fideos!
Y Fideos se quedó sin
su sopa.

—¿Y cómo el gusta la
sopa al esqueleto?
—Tibia.

—Mamá, mamá... Dicen en el cole
que tengo los pies grandes.
—No hagas caso y guarda los
zapatos en el garaje.

¿El pez más importante?
El pez-sidente.

¿Usted y yo somos novios?
—No.
—Entonces, ¿por qué siempre me ilusionas trayéndome regalos?
—Mire, yo solo soy el cartero, tome su paquete y deje de molestarme.

—Oye, pequeña, ¿es esta la casa de la niña caprichosa?
—¡No, no y no!

—Mi mamá está enfadada porque me gustan los bocadillos.
—¿Por qué? ¡A mí también me gustan!
—¿Ah, sí? Pues si quieres ver mi colección, tengo más de setecientos en casa.

Entra un señor en una pajarería:

—Oiga, ¿qué pájaro es ese?

—Lo ignoro.

—¡Pues qué loignorito tan bonito!

48

Le preguntan al piloto del avión:

—¿Estás nervioso?

—Sí.

—¿Es la primera vez?

—No, he estado nervioso antes.

49

—¿Qué tal te ha salido el examen?

—Muy mal. Lo he dejado todo en blanco. ¿Y tú?

—Yo también. A ver si se van a pensar que nos hemos copiado...

50

Un perro muerde a otro y este le grita:

—¡Animal!

51

¿Por qué las gallinas ponen los huevos? Porque si los tiran, se rompen.

Una mamá y su hijo de cinco años esperan el autobús.

La mamá le dice:

—Dile al conductor que tienes cuatro años y así no pagas.

Cuando suben, el conductor pregunta:

—¿Cuántos años tienes?

—Cuatro, pero cumplo cinco al bajar del autobús.

«Ze dan crasez jratiz
de otrografia»
Un anuncio.

Los que escriben
«haber» en lugar
de «a ver» deberían
«hirviendo» cómo
solucionan el problema.

Esto era un pez...
y frenó en seco.

55

¿Qué le dice un
jaguar a otro jaguar?
How are you?

56

¿Cuál es el colmo de un carpintero?
Tener una hija traviesa, un hijo listón
y un perro que mueva la cola.

¿Y otro colmo
del carpintero?
Sacarle brillo
a las tablas de
multiplicar.

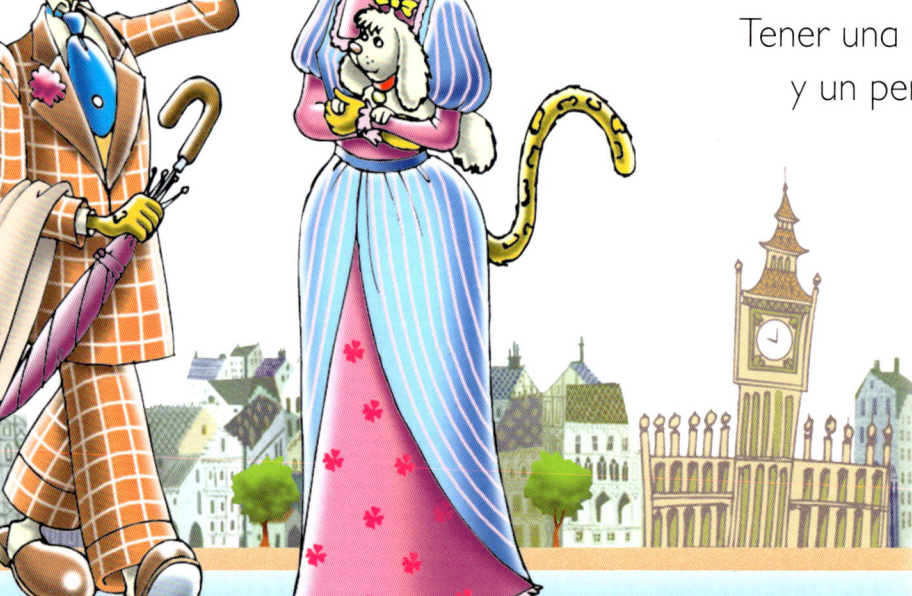

57

Va un erizo por el desierto,
se encuentra un cáctus y
exclama:
—¡Mamáaa!

Se encuentran un
cactus y un erizo
y exclaman:
—¡Primoooo!

58

Está Caperucita
en el bosque
y cuando cae la
noche... la aplasta.

59

Están charlando dos amigos:

—Tengo un loro que dice papá y mamá.

—Pues yo tengo un bote que dice «peras en almíbar».

60

—Super-Pizza, ¿qué desea?

—Magdalenas, no te digo.

61

¿Cuál es el colmo de un cristalero?

Tener los ojos vidriosos.

¿Qué pasa cuando
una elefante se para
sobre una pata?
Que el pato se queda
viudo.

¿Qué hora es cuando
un elefante pisa tu reloj?
Hora de comprarte
uno nuevo.

Iba un caracol por la
calle y le atropella una
tortuga. Cuando un
policía le pregunta qué
ha pasado, contesta:
—No sé... Fue todo tan
rápido.

¿Cuál es el colmo de un
jardinero?
Que su hija se llame rosa
y el novio la deje plantada.

¿Qué harías si te persiguieran
un elefante, un león
y una jirafa?
Bajarte del carrusel.

...Una niña va vendada y escayolada
y se encuentra con su amigo: pero
bueno, ¿qué te ha pasado?,
¿un accidente?

—¡Solo uno?, primero me atropelló
una bicicleta, cuando ya me
levantaba, me arrolló un coche,
después me pasó un caballo
por encima.

—Pero qué dices, ¡eso es imposible!

—¡Imposible?, pues si no paran
el tiovivo, ¡me atropella un camión
de bomberos!

Se encuentran dos animalitos:

—Yo soy un perro-lobo, porque mi madre es una perra y mi padre un lobo.

—Pues yo soy un oso hormiguero.

—¡Anda ya...!

67

Un becerrito pregunta
a su mamá:

—Mami, ¿puedo ir de excursión?

Y ella contesta:

—Beee, hijo, beee.

Un hombre le dice al psiquiatra:

—Todos me dicen que soy la oveja negra de la familia y ahora tengo complejo de oveja.

—¿Bala?

—Bala perdida.

68

Se encuentran dos vampiros:
—¿Cómo te llamas?
—Vampi.
—Vampi... ¿qué?
—Vampi-rito, ¿y tú?
—Oto.
—Oto... ¿qué?
—Oto vampirito.

69

¿Qué animal es ahora blanco, ahora negro, ahora blanco, ahora negro...?
Un pingüino cayéndose por las escaleras.

Estaba una gamba
arreglándose guapísima
y un pez le pregunta
que por qué.

—Es que me han
invitado a un cóctel.

71

Tenía tan mala suerte
que lo atropelló un coche
aparcado.

72

¿Qué le dice un limón
policía a un limón
sospechoso?
—¿Ácido tú?

¿Qué es un limón
haciendo nada?
Limo-nada.

¿En qué se parecen unos calcetines y un calamar?

En que el calamar es un molusquito y los calcetines me los quito.

—¿Cuánto cuesta la ración de calamares?

—Ocho euros.

—¿Y a la romana?

—VIII euros.

¿De qué color será un camaleón si se mira al espejo?

Un señor encuentra a otro jugando al ajedrez
con su perro.

—¡Qué perro más listo! ¡Debe de costar una fortuna!

—No creas. Le he ganado tres partidas de cinco.

¿Qué hace uaug, uaug?
Un perro ladrándole al
espejo.

—¡Capitán, capitán!
¡Socorro! ¡Nos hundimos!

—¡Que no, tonto! ¡Que
esto es un submarino!

Van dos tontos en un
coche. El que conduce
le pide al otro que
baje y mire si luce el
intermintente.

El otro tonto contesta:

—Ahora sí, ahora no,
ahora sí, ahora no...

¿Qué es una cosa amarilla
por dentro y azul por fuera?
Un pollito policía.

79

Noticia: «En Nueva
York cada diez minutos
atropellan a un hombre».
¡Cómo debe de estar el
pobre de hecho polvo!

80

Un asterisco llega a una fiesta de puntos y todos se le quedan mirando.

El asterisco dice:

—¿Es que nunca habéis visto un punto punki?

81

—¿Qué le dice un semáforo a otro?

—No mires, que me estoy cambiando.

Mientras tú me ignoras, el semáforo se pone rojo cuando me ve.

82

¿Qué le dice un burro a una burra?

Vamos a pasear y así no nos aburrimos.

83

¿Por qué «todo junto» se escribe separado y «separado» se escribe todo junto?

—¿Qué tiene él que no tenga yo?
—Tilde.

84

—¿Quieres que te cuente un chiste al revés?
—Sí.
—Pues empieza a reírte.

Un niño le dice a otro:
—He soñado que ganaba
200 millones, como mi padre.
—¡Tu padre gana
200 millones?
—No. También lo sueña.

—Hola, ¿cómo te llamas?
—Iguana, ¿y tú?
—Iguanito que tú.

Se encuentran dos por la calle:
—Hombre, Luis, qué
cambiado te veo.
—Claro, como que no
soy Luis.

88

¿Quién es más pesado, un dromedario o un camello?

El camello, porque joroba el doble.

89

Va un barco al muelle... ¡y rebota!

90

¿Cuál es el último animal?

El delfín.

Van dos en un ascensor
y uno pregunta:
—¿Qué piso?
Y el otro responde:
—Ahora mismo, mi pie.

92

Le dice un gusano
a otro:
—¿Te vienes a dar una
vuelta a la manzana?

—¿Viste el apagón de anoche?

—¡Qué va! ¡Como estaba tan oscuro...!

¿Por qué el hombre se comió el foco?

—Esperaba que le diera una idea brillante.

¿Por qué creía el oso panda que su cámara de fotos estaba estropeada?

Porque se hizo una foto en color y salió en blanco y negro.

—¿Por qué en invierno los locos ponen las manzanas en la ventana?

—Porque hace un frío que pela.

Una manzana se cae del árbol y todas las demás se ríen.

La manzana caída les dice:

—¿De que os reís? ¡Inmaduras!

96

Era un elefante tan, tan grande que necesitaba un boomerang para ponerse el cinturón.

Dos serpientes están charlando:

—Oye, ¿nosotras somos venenosas?

—No, ¿por qué?

—Es que me acabo de morder la lengua.

98

¿Sabes cuál es el animal más animal de todos?

El gato. Porque es gato... y araña.

¿Por qué los gatos odian el agua?

Porque les destroza su peinado.

99

Van dos pasajeros
en el tren:

—¿Y usted cómo se
llama?

—Bond, James Bond.
¿Y usted?

—Llito, Po-llito.

Había un pollito tan,
pero tan inteligente que
en vez de decir pi decía
3,14159...

100

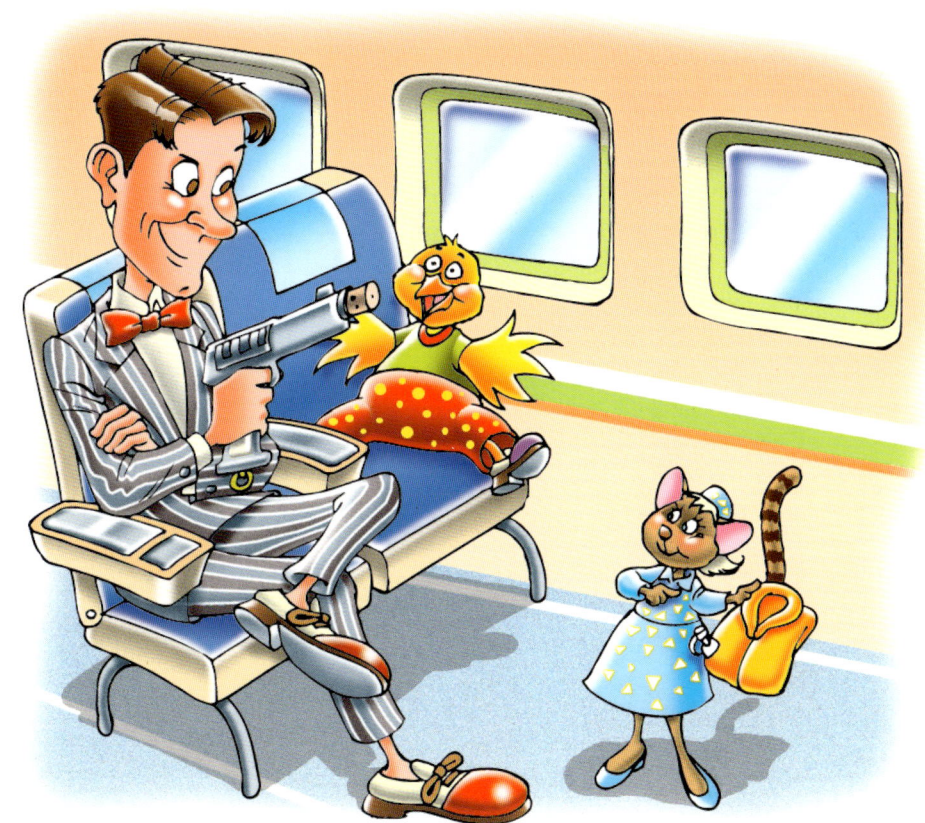

¿Qué es una hipoteca?
Una discoteca para
hipopótamos.

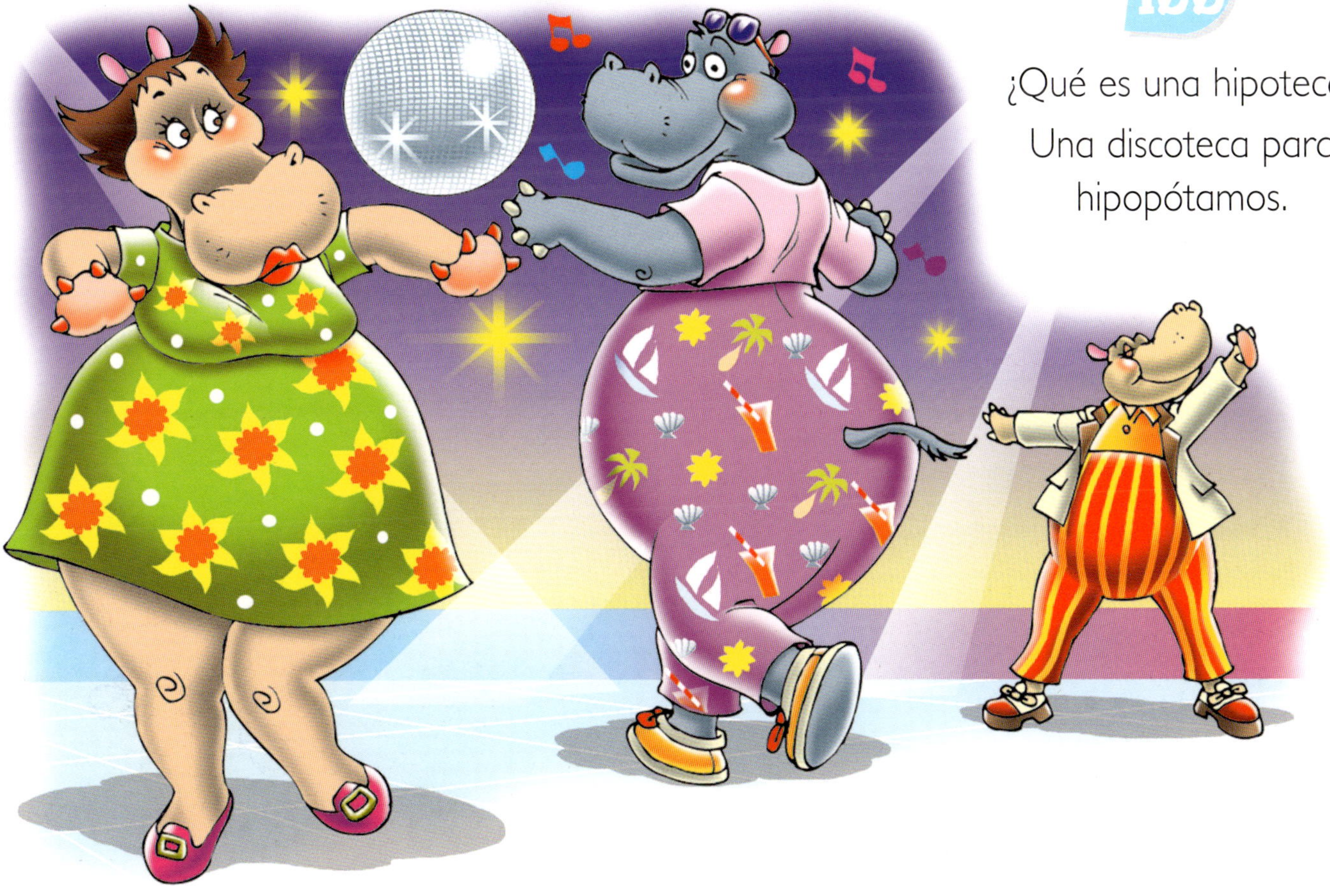

101

Una niña a su amigo:

—Pues a mí me molestan mucho la ignorancia y la indiferencia, ¿y a ti?

—Ni lo sé ni me importa.

102

¿Cómo se matan diez elefantes con un bote de pintura morada?

Pintando uno. Ese se muere de vergüenza y los demás de risa.

103

En el colegio:

—¿Qué me puedes decir de la muerte de Napoleón?

—Que lo siento mucho, profesor.

104

Una rata se encuentra con otra:

—¿Qué haces?

—Nada. Aquí, esperando un ratito.

105

—Mamá, mamá… ¿qué tienes en la barriga?

—Un bebé que me regaló papá.

—¡Papá, papá, no le regales más bebés a mamá, que se los come!

—¿Diga?

—¿Es el servicio de inteligencia?

—¿Me puede repetir la pregunta?

—¿Dígame?

—¿Es el cinco, uno, uno, uno, uno, uno, uno?

—No, es el cinco, once, once, once.

—¿Dígame?

—Me.

—¿Repítalo?

—Lo, lo, lo, lo…

NIU ☎

46

107

¿Qué hace 99 veces tic y una toc?

Un ciempiés con una pata de palo.

Van dos tomates por la carretera y uno advierte al otro:

—Cuidado con el cami... ¡choff!

¿Tú sabes lo que es un foco?

¡Pues claro! El novio de una foca.

La maestra pregunta al alumno:

—Dime cinco animales de África. Y el niño contesta:

—Cinco elefantes.

111

¿Por qué hay gente que lleva
sus gafas a la universidad?
Para que se gradúen.

—Papá, papá ¿vendrás
a mi graduación?
—No, hijo. Cuando llegues
a casa ya me enseñarás tus
gafas nuevas.

112

Un zorro se tropieza
con un pollito y dice:
—I'm sorry.
Y el pollito contesta:
—Pues I'm pollito.

113

Un grano de arena
llega a la playa y dice:
—¡Menudo ambientazo!

Un niño le pide a su padre
que le haga los deberes.

—No, hijo. Eso no estaría bien.

—Bueno... Pero inténtalo de
todas maneras.

—¡Papá, papá, deja de
ponerme salsa!

—¡Calla, Nacho!

115

¿El cuento más corto
del mundo?

—Había una vez... truz.

—No somos nada.
(Un cero a otro cero).

117

Dos palabras te abrirán
todas las puertas:
Tirar y empujar.

¿Cómo se dice vendedor
de puertas en inglés?
Vende-door.

118

¡Dios mío!
¡Dame paciencia!
... ¡¡Pero yaaa!!

—Mamá, mamá...
Me han suspendido en geografía porque no sé dónde está el Océano Atlántico.

—Eso te pasa por ser tan desordenado.

—Profesora, ¿usted me castigará por algo que no he hecho?

—¡Claro que no!

—Pues no he hecho los deberes.

Era tan, tan simple que ponía azúcar en la almohada para tener dulces sueños.

Era tan, tan remilgado que contrataba un traductor para tomar sopa de letras.

122

—Me he comprado cien palomas.

—¿Mensajeras?

—¡Qué va! No te exagero ni un poquito.

—¡Bajad las velas!
Y arriba se quedaron
a oscuras.

—¿Vendes la casa?
—Alquilo.
—¿Y cuánto pesa?

Si estudiar da frutos...
¡Que estudien los árboles!

¿Qué le dice un árbol
a otro?
Nos dejaron plantados.

Tengo el mejor físico
del mundo.
Firmado: señora
de Einstein.

—Mamá, mamá... me
ha picado una serpiente.

—¿Cobra hijo?

—No mamá: gratis.

54

—Papá. papá... en
el cole me llaman
mentiroso.

—¡Pero si no vas al
colegio, hijo!

—Doctor, estoy enamorado de una hermosa pulpita.

—¡Pero hombre! !Quítese esa idea de la cabeza!

—Ya. ¿Y qué hago con estos ocho anillos?

129

—Mamá, mamá... ¿Qué es eso?

—La osa mayor.

—¿Y eso?

—La osa menor; y aléjate que te van a comer los osos.

—¿Quién entró en la guarida de los osos y salió vivo?

—¡El oso!

130

¿Cuál es el pez que no pasa hambre?
La pescadilla, porque se muerde la cola.

131

Un amigo a otro:

—Me he comprado un boomerang nuevo.

—¿Y qué has hecho con el viejo?

—Pues tirarlo, y volverlo a tirar, y volverlo a tirar...

132

—Doctora, ¿qué padezco?

—Padece uzted un ozito de peluche.

133

—Hijo, a ver si te portas bien, porque me sale una cana por cada trastada que haces.

—Jo, papá; pues tú de pequeño debías de ser tremendo, porque mira cómo está la abuela.

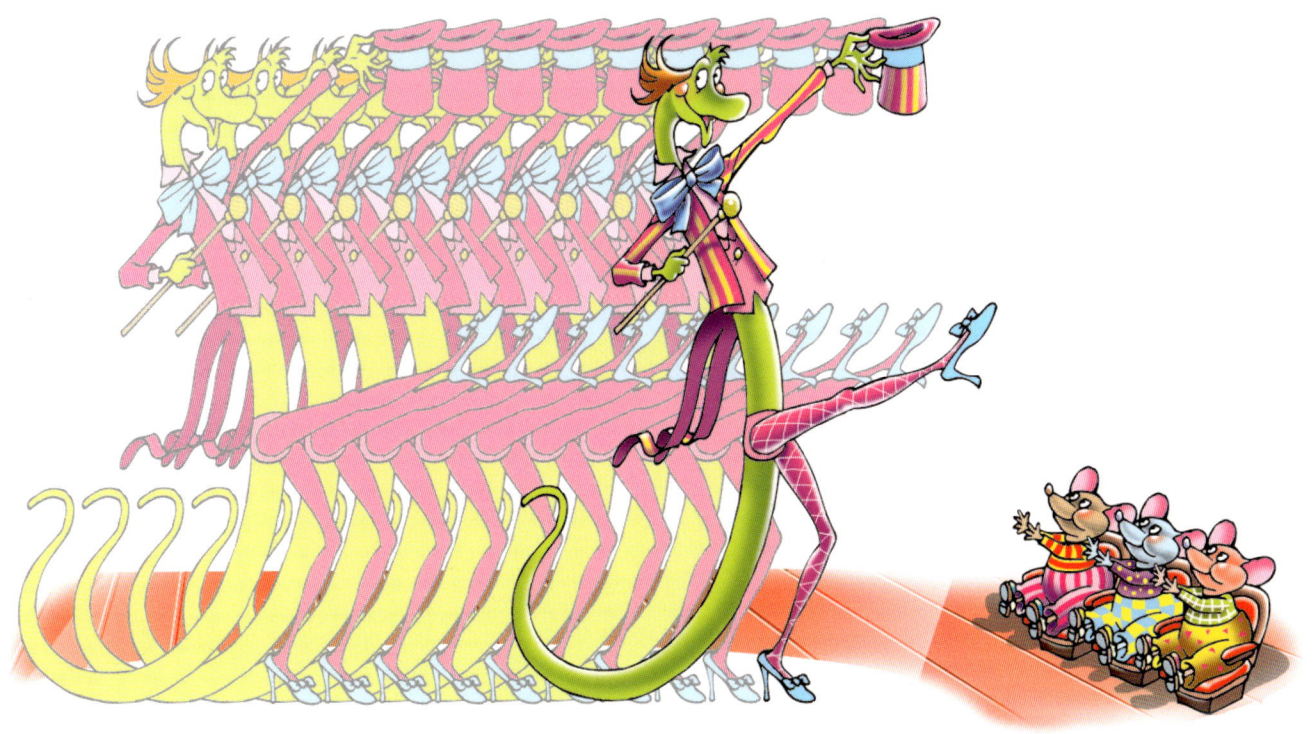

134

Era una lagartija tan,
tan delgada que tenía
que pasar diez veces para
que se la viera.

135

Era tan, tan alto que
cuando comía yogures
le llegaban caducados al
estómago.

Era un hombre tan alto,
tan alto, tan alto, que se
tropezó un lunes y se cayó
el viernes.

Era un corredor tan, tan lento que corrió una carrera él solo y llegó el segundo.

—Mamá, mamá... en el colegio dicen que somos unos mafiosos.

—¡Vaya mañana iré yo a arreglar eso!

—Bueno pero que parezca un accidente.

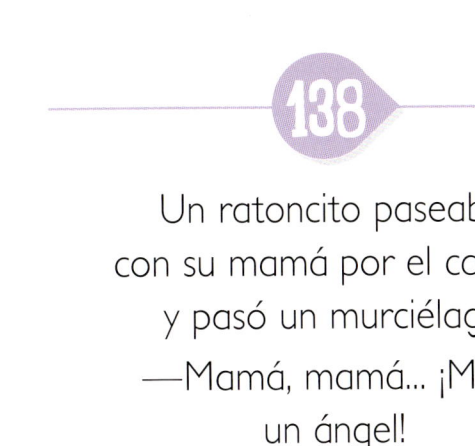

138

Un ratoncito paseaba
con su mamá por el campo
y pasó un murciélago
—Mamá, mamá... ¡Mira,
un ángel!

139

Van dos granos de arena por el
desierto y uno le dice al otro:
—Creo que nos están siguiendo.

140

—¿Por qué los
peces no hablan?
—Para no tragar
agua.

—¿Qué le dijo
el 2 al 0?

—Veinte conmigo.

¿Qué le dijo
el 2 al 20?

—Para ser como
yo tienes que ser
sincero.

142

—Mamá, mamá... Me
he tragado la aguja del
tocadiscos, iscos, iscos iscos...

143

Nuestra mamá era una loba.
Firmado: Rómulo y Remo.

—Camarero, ¿qué
tienen de entrada?
—Pues una puerta
de vidrio, señora.

En el restaurante:
—Camarero, ¿el
pescado viene solo?
—No, no, ya se lo
traeré yo.

—Doctor, doctor, vengo
a que me reconozca.
—Pues fíjese que ahora
mismo no caigo...

—Tengo un pato que habla, ya verás... Pato, tráeme un jersey.

—¿Cuac?

—El que quieras.

¿Por qué ponen los semáforos tan altos?

—Para que nadie se los salte.

148

—¿Por qué no sale el sol de noche?
—Porque aún es demasiado joven.

149

—Mamá, mamá... ¿Cuándo llegamos a Australia?
—Calla, hijo y sigue nadando.

150

—¿Por qué lloras, hijo?
—Porque Pepito me ha quitado el pan.
—¿Con mala intención?
—No. Con mantequilla.

Nadie
es perfecto.
Firmado:
Nadie.

© 2024, Editorial Libsa
C/ Puerto de Navacerrada, 88
28935 Móstoles (Madrid)
Tel. (34) 91 657 25 80
e-mail: libsa@libsa.es
www.libsa.es

Ilustración: José Luis Tellería
Maquetación: Diseño y Control Gráfico
Edición y diseño: Equipo Libsa

ISBN: 978-84-662-4375-9

DL: M 33558-2023